JN439253

그늘의 꿈을 깨우다

지혜사랑 278

그늘의 꿈을 깨우다

강은희 시집

지혜

시인의 말

지나간 시간은 아름다웠고
지나간 사랑은 더욱 아름다웠고
지나간 사람은 더더욱 아름다웠다

이젠, 지나갔기에
—「용서」 전문

상처를 딛는 힘은 용서다
나를 사랑하는 것은 거기서부터 시작이었다.

차례

1부

2부

3부

4부

• 일러두기

페이지의 첫줄이 연과 연 사이의 띄어쓰기 줄에 해당할 경우 >로 표시합니다.

1부

너머의 봄

멀리 두었던 붉은 동백, 당신의 안부와
머물지 않는 바람의 길을 묻는다

당신과 내가 함께할 수 없는 시간을
그저 뚜벅거리며 사는 일은
가끔은 홑겹의 꽃잎처럼 애잔하고
손을 놓쳐버린 기억처럼 애틋하다

목까지 채워 올린 나이의 한가운데
민들레 홀씨처럼 흔들리면서도
벼랑 같은 세상의 말 속으로 뛰어드는
출발선 앞은 처음처럼 두근거린다

더디게 찾아온 봄

궁극의 초록도 시작은 연두였다

그림자 이력서

유독 빈 곳이 많은 사람
손에 쥔 흑심의 속내를 포기한 채
나무보다 먼저 그늘을 적고 있다

잔잔하게 메꾸어지지 않는
그림자가 축축하다

나무의 그림자가 그늘이라면
그늘의 그림자는 눈물이었다

한눈팔다 끌려 나온 바다가
발을 헛디딘 순간
출렁, 엎어진 것이 눈물이 되었다

오래된 기억의 한쪽에서 번져 못쓰게 된 이야기
쭉 찢어 날릴 용기 없이
기울어진 모서리로 빠져나와
멀리 달아날 줄도 모르고 빙빙

제 설움에 짓물러버린 이름 하나를 적는다

누군가

눈물로 적어 내린 긴 그림자를
따뜻하게 읽어주었으면 좋겠다

토마토 단상

야간학교 등굣길
버드나무 가지처럼 휘청이다가
종잇장처럼 얇아진 엄마가
냇물같이 흔들린다

엄마 어디 아퍼?
어지러워서

다시 그 길로 돌아오기까지
하루는 젖은 얼굴로 길게 어두워졌고
엄마의 얼굴이 낮달같이 하얗게 떠 있었다

가끔 엄마는 토마토 꼭지 냄새가
농약 냄새랑 닮았다는 말을 하곤 했는데
그때 농약 공장 근처의 냄새 때문에
어지러웠다는 걸 알았다

설탕 솔솔 뿌려 젓가락에 꿰어 먹던
어린 날의 기억만 좋았을 뿐
가세 기울고 온전한 남루의 기억으로
토마토는 명치 끝부터 먼저 글썽여지는
엄마의 흔적이었다

>

텃밭에서 빨갛게 익어가는 토마토를 딸 때마다
하루살이 같던 그 시절
시간이 벌어다 주던 종이봉투 속 쌀알처럼
단단하게 부여잡았던
가난한 목숨들을 생각하게 한다

제자리를 놓친 것들

신부의 치맛자락이 되어야 하는 레이스 천이
주방과 거실의 칸막이 커튼으로 살아야 했던 것처럼

누가 묻지 않아도 팽팽하게 차올랐을 꿈들이
말에 걸려 넘어진 상처로
오래도록 눈물 바람을 했던 것처럼

깨어나 보니 꿈이더라는 아쉬움도 다 내려놓은 채
움푹 팬 발바닥의 가운데를 쓰다듬는
따뜻한 손이 된 것처럼

뿌리에서 밀려 나와 어쩔 수 없이 혼자의 뿌리인 채
허물어지는 절개지의 목숨으로 살아야 했던 것처럼

이제는 돌아갈 수 없는 날들이 저 스스로를 다독이며
살아서 빛날 수 있는 말들을 눈물 속에서 건져 냈다

습작

깊이를 내려놓은 저수지에 발자국이 남았다

투명한 빛들이 속살거리던 수면 위로
간지럼타는 산들이 까르륵거리던 날들

지나가던 구름이 멈춰
물오리 몇
깃털에 숨어 술래가 되고

겹겹이 동그라미가 쏟아지던
비 오던 기억을 뒤로한 채

하루하루 겸손해지는 비움의 작업이다

숨

살아있다 아직은
어리연꽃 이파리 아래
빗질하는 햇살이 눈부셨다
잘름거리는 오후의 윤슬
반짝거린다는 건
겉치레를 부추기는 말이기도 했다

다래나무 가지에 걸터앉은 바람이
밖의 세상은 여기서 볼 수 없는
온갖 비늘들이 화려한 조명 아래 흔들리고
진한 향수를 뿌린 여자들이 더 반짝거린다고 했다

뉴스에서는 가뭄이 오래 지속되고 있다고
오늘도 비는 오지 않을 거라고

문득 내가 반짝거리고 있었다
그건 환희였다
아주 잠깐의

목이 마르다
여기저기 숨 탄 것들의 밭은 숨소리가 들린다

>
이를 어째
이러다 큰일나겠다

혀를 끌끌 차며 일어서는 바람의 말소리가
먼 우레처럼 간간이 끊어지며 들렸다

마침 마당에 나온 여자가 파란 호스를 들이밀고 있다

그늘의 꿈을 깨우다

고칠 수 없는 기억을 베고
왼쪽 벽으로 돌아누우며
한낮 잠이 든 여자는

빈 벽의 그늘에 눌려 꿈을 꾸고 있다

그네를 타고 있었다
멀리까지 날아갔다가
다시 다리를 접으며 되돌아오는

아무것도 없이 빈 채로 돌아오던 여자가

문득 꿈을 더듬어 보고 있었다
어디쯤에서 멈춰 선 것인지
어디쯤에서 잃어버린 것인지

내 꿈은 쥐똥이다를 복창하던 수련회
아이의 꿈은 쥐똥으로 뭉개지고
더 큰 섭리를 쥐어주던 말들이 살아나고 있었다

기억에서 끌려 나온 아이의 꿈이
오래도록 흐느끼고 있었다

바람은 틈새를 스쳐 갔으며
여자의 나이가 부풀려지고 있었다

밖에서 돌아온 남자가 조용히 여자의 꿈을 깨우고 있었다

쓰러진 국화를 일으키며

네가 옳다
견디고 버티는 게 능사는 아니다
뚝 하고 부러지느니
가녀린 풀잎처럼 잠시 엎드리는 것도
살아가는 방법이다

닿아보면 안다
축축하게 눈물이 밴 땅에서도
위로의 말이 들리고
비록 별은 멀어졌어도
별을 안고 흐르는 개천으로
가까워졌으니
모든 것을 다 놓은 것도 아니다

가끔 우악스러운 손에 머리채 잡혀
꽁꽁 묶여 지는 것도
어쩌면 다른 결의 사랑이려니
엎드린 채 살다가 몇 가지 잘려
어두운 질그릇 화병에 꽂히는
그것도 사랑이려니

어떻게든 살아 있다는 것은
아름다운 일이려니

그럼에도 불구하고

하루를 바싹 당겨 쥔
남자의 손에 푸른 힘줄이 돋는다
흙탕 진 세상을 퍼담고 있다

소리 없이 닥치는 물이 불보다 더 무서운 거라더니
뒤돌아볼 생각조차 없이 물은 휩쓸고 가버리고
남은 것은 쉽게 아물지 않는 흔적 뿐이다

골짜기에서 들이닥친 물은
경계로 이름 지어진 것들을 허물고
넘지 말아야 할 선을 넘어 버렸다

선에 베인 것들은 뿌리를 놓지 않으려
악착같이 견디고 있었다

큰물에 밀린 사람들이 젖은 별로 뜨고
아직 빛나지 못한 별 하나 가슴에 묻은 채
살아있는 것들을 눈앞에서 놓치고 말았다

뜨거운 눈물 너머
뭉개진 경계에 허리까지 파묻힌 참나리
주근깨 박힌 얼굴로 혼자 웃고 있었다

한 잔

밥상에 잔 하나가 더 놓였다
한낮 남자가 밭일하다 먹고 남겨놓은
노란 밤 막걸리

겨우 한 잔인데
세상 술 혼자 다 먹은 양
불붙은 연탄처럼 얼굴은 달아오르고
가슴은 쿵쿵거린다

사람들이 속상하다고 마시는 술이
좋은 일에 함께 부딪는 잔이
가슴을 울리는 일이라니
심장을 두드려주는 일이라니

살면서 누가 이렇게 두드려줄 수 있는지
가슴속까지 헤집고 들어와 울려줄 수 있는지

외로운 사람들이 술잔을 드는 이유가
이렇게 두드려 달라는 부탁인 걸까
쿵쿵 살아있음을 느끼고 싶은 걸까

가슴벽을 치고 돌아오는 북소리를 들으며

다시 일어서야 하는 당신과 나를
위하여!

밤길

산등성이마저 까맣게 잠겨버린 밤

손전등을 켠 듯한 자동차 불빛
가야 할 길이 다 보이지 않는다

모퉁이를 돌자
저만치 꽃등처럼 환한
빨간 불빛 두 개

어둠이 무서워 바짝 쫓아가는데
환한 불빛이 두려운지 점점 더
빨리 달아나고 있다

모퉁이들이 자꾸 몸을 움츠리고 있다

노랫말

나를 들여다보면 능금꽃이 보일 거야

능금꽃이 함박눈처럼 쏟아지던 그날 밤

어린아이가
알지도 못하는 노래를 평생 응얼거렸다

엄마의 노래, 엄마의 목소리
하얀 저고리 품에서 배어 나오던 냄새
능금꽃 향이었나

육십이 넘어서도 그 품이 그리운데

어디선가 자꾸 능금꽃이 쏟아지는 건
엄마의 노래일까
나의 노래일까

팔자는 볶는 것이다

자기 팔자 자기가 볶는다고

어릴 적 부엌일 해주시던 순이 할머니가
엄마한테 핀잔처럼 해대던 푸념

잘 말려진 바가지를 내밀던 사람들
밥이랑 몇 가지 반찬이 비빔밥처럼 들어앉고
어떤 날은 바가지 대신 내미는 손에
동전 몇 개 아니면 종이돈 한 장이 들려졌다

버릇 든다고 말리던 순이 할머니의 말은 적중했고
장날이면 서넛은 문 앞에서 대기 중이었다
남 배고픈 걸 견디지 못했던 엄마는
있는 동안은 덜어내는 일에 소홀하지 않았다

소문처럼 집은 기울고 문간에는 창백한 바람이 서 있었다

챙길 게 없으면 등을 보이는 게 세상이었다
덜어줄 게 없으면 등을 보고 있어야 하는 게 세상이었다

뿌리까지 흔들어 버린 바람을 따라 흘러갔다
오래도록 손을 내미는 일에 동의하지 않았다

받는 것도 주는 것도 서툰 사람이 되어

내어줄 수 있는 마음만 반들반들 닦고 있었다

말

손끝으로 세상을 읽는 것은
사람의 마음이 보이지 않는 사람이나
마음이 어두운 사람이나 별반 다르지 않다

환한 세상에서도 환하게 읽히지 않는 문장
슬픈 얼굴에서도 슬픈 눈빛을 읽지 못하는
깨어진 글자들의 상처를 우리는 알지 못한다

훔쳐 오고 싶을 만큼 아름다운 말들이
봄날 민들레꽃처럼
여기저기에서 살아났으면 좋겠다

슬퍼도 아름다운
살아서 더 눈부신

이 땅의 말들이 어둡지 않은 글자로
온전하게 살아 있었으면 좋겠다

어제를 치유하는 것

말복 지나고 처서도 지나니
새벽이 에어컨을 켠 듯 선선하다
폭우와 폭염에 시달린 기억이 아득해졌다

달아나는 기억의 한편에 매달린 계절이
대추를 매달게 하고 호박을 익게 했지만
휩쓸린 것들의 비명을 생각해보면
상처는 맨 위에 붉은 눈시울로 선다

지나간 것은 돌아오지 않는다

오늘은 어제의 오늘이 아니라
내일의 오늘이 오는 것이다
같은 이름이 새로운 얼굴로 오는 것이다

아픔을 딛고 일어나면
붉은 것들도 차츰
단단한 껍데기로 아무는데

치유의 순간은
두 팔을 벌려 가슴에 안아주는
따뜻함으로 온다

붙박인 슬픔은 없다

당신을 생각하다가
차마 하지 못한 말들을 삼키는 일처럼
쓰다가 지우고 또
다시 지우고

오늘도 푸념 섞인 바람의 말을 듣다가
서너 번씩 말의 낭떠러지를 생각했습니다
아찔한 직선의 서슬에 놀라 한걸음 뒤로 물러섰지만
생각의 그림자는 아직도 그곳에 머물러 있습니다

순한 말 속으로 세상이 들어 옵니다
빛줄기가 만들어 놓는 직사각의 흰 벽
그 사이사이 웅크린 그늘이 숨어 있습니다

따뜻한 시선이 닿자 그늘이 살아 오릅니다
처음부터 그늘이지 않은 것처럼
세상에 붙박인 슬픔이란 것은 없기로 합니다

2부

환한 그늘

엉덩이에 난 혹이 풍선처럼 부풀어 오르자
나이가 많아 수술하다 죽을 수 있다고
의사도 포기한 날들이
붉은 핏물로 흐르고 있었다

곡기를 끊고 밤낮으로 가벼워지던
물그릇도 눈을 감은 채 잠잠해지던 오월

일어설 수조차 없는 몸을 집 쪽으로 눕히자
끝까지 시선을 놓지 않은 채
먼 별처럼 식어갔다

평생 집 지키느라 고생했다
남자의 목소리가
잿빛 어둠을 흔들고 있었다

온종일 눈이 마주쳤던 자리
텅 비워진 채 글썽거리고

슬픔을 몰아내려는 듯
젖은 눈의 남자가 서둘러 가림막을 걷어내자
현관 깊숙이 햇살이 쏟아져 들어왔다

>

어둑했던 자리가 눈이 부시도록 환해졌다

환한 그늘 속으로
고양이 한 마리 슬쩍 들어오고
열두 살 동갑내기 모란이
처음으로 꽃을 피우고 있다

위로

슬픔에 닿아있는
당신의 젖은 표정이 낯설지 않았다

검은 상복을 입은 오후는
서둘러 문상 온 사람들의 낮은 어깨를 털고
맑은 술잔에는
눈물인지도 모를 것들이 앉아 괜찮은 척
수다를 떨고 있다

달고 짭짜름한 명태조림은
애써 맛있는 척을 하지 않을 뿐
여러 번의 젓가락질에
살아있던 사람의 자리처럼
아쉬움이 남아 있다

기웃거리던 국화 향기
스치는 사람들 사이로 스미고
이제는 눈물이 배웅하는
이름 석 자
천천히 읽어보는

장례식장에서는
슬픔이 더 큰 슬픔을 토닥이고 있다

카타르시스

모두 잠들어있는 시간
어디선가 나처럼 깨어있는 소리 들린다

전혀 울 것 같지 않은 낯선 벌레 한 마리
한쪽 구석에서 울고 있다

한바탕 쏟아지는 비를 피해
어찌어찌 들어온 모양이다

저는 힘들어서 울 터인데
미안하게도 소리가 좋다

저리 울고 나면 속이 시원해지는 것을
알고 있을까

새벽 세 시의 어둠이 맑아지고 있다

운다는 것은 때로 아름답기도 하다

꽃이 핀다는 것은

좋은 날을 위하여 견디었다는 것이다
숱한 날들을 참고 버티었다는 것이다
어제의 눈물을 잊지 않았다는 것이다

살아 있다는 것은
환하게
꽃이 피어 있다는 말이다

길

달빛이 데려간 남자를 떠올리며
단풍 들면 마음이 무너진다는 여자가
가을 바람으로 지나갔다

그 길로

남자에게 자전거를 배우다가
깁스를 하고도 환하게 웃는 여자가
가을 햇살로 지나갔다

슬픔과 기쁨이 같은 길을 가고 있다

낙엽

눈부신 하늘 아래
푸르던 날을 지나

곡기 끊고 며칠

슬픔조차도 글썽이지 못하는
저 마른 이의 낙하 앞에서

생은
가만히 조의를 표한다

눈물

아주 짧은 순간
이게 뭐지 싶을 때
등 돌린 사람들이 보인다

페이드아웃

터져 오르는 용암
울면 지는 거라 해도
살기 위해 남은 잔불을 끄는
몸짓이다

길이 된 길

인적 없이 될 수 없었던 길이
스스로 방향을 잡고 있다
시선은 멀리 두고 나침반이 되는 중이다

낯선 도시에 닿은 저녁처럼
누가 먼저 가르쳐 줄 수도
함부로 남을 따라갈 수도 없었던

사방이 다 트인 교차로 한복판에서
엄마 손 놓친 아이처럼 엉엉 울고 싶을 때도 있었다
어둑해지면 저녁 먹으라고 부르던 엄마처럼
누군가 큰 소리로 나를 불러주었으면 했다

아무도 없다는 것을 알았을 때
혼자서라도 시작해야만 했다
한 걸음 떼지 않으면 어디에도 닿을 수 없었다

내딛어 보면 알게 된다

길은
길을 찾으려는 사람에게
기꺼이 길이 되어준다는 것을

홍시

오래된 하얀 털이 파르르 떨린다
고개도 떨구지 못한 채
돌아가야 할 이승의 힘을 빼고 있다
또박또박 응시하던 초점도 흔들리고
고르지 않은 숨결이 출렁거리고 있다

하루 지났나
배란의 욕구 싱싱하게 살아나
저보다 큰 녀석에게 매미처럼 들러붙어
비비적거리던 날이

저 붉은 꽃 자국은
처음 내게 왔던 그때처럼
아직도 성성하게 남아 있는데

눈물 자국 가득한 아이는
홍시라는 이름을 얻었다
그때 이팝이라고 지었더라면
하얀 얼굴로 살고 있었을까

홍시의 가을이 오래도록 콜록거리고 있다

꽃피는 것만 예쁜 건 아니다

겨울을 견디고서도 남아 있는 저 빈 집
꿈꾸던 씨앗들 제 세상으로 떠나고

간간이 문 흔들어 보는 바람과
깊숙이 들어앉는 햇살과

부딪치며 살아온 날들이
슬프지만은 않았다

잠시 젖으면 또 서서히 말라지는 것

꽃피는 날엔 다른 얼굴로
살아오라 껍데기여

거울 속의 나는 그럴 수 없지만
너는 그리 돌아와

또 한 번 희망으로 살아보라

후회

오래 신은 부츠
끈 한 가닥이 끊어졌다
건강검진센터 탈의실에 버리고 온
평소 같았으면 주머니에라도 넣어 왔을 텐데
그날은 왜 그리 모질었는지
가차 없이 쓰레기통에 넣어 버렸다
낡음에 대한 분풀이였을까

내가 가진 것들은
자꾸 허물어지고
낡아지고 기울어지고 있는데
내가 가질 수 없는 것들은
멀리서 바라보는 것만으로도
충분한 것이라고 말하듯이

아침은 늘 새롭게 떠오르고
한낮은 눈이 부시게 빛나고
저녁은 따뜻하고 평화롭게 저문다

누워서도 자꾸 생각나는 끈 한 가닥
가여운 나를 버리고 온 것 같아
돌아눕고 말았다

우화羽化

어떤 날은 아무 꿈도 없는 사람처럼 살고 있었다
한참 멀었다는 길은 아득하기만 하고
막연했던 꿈은 자꾸 그 빛을 지워가는 바람에
해가 기울어지도록 단어 하나를 붙잡고 서성거리고 있다

열두 살에 받은 상장
아이들의 박수 소리는 풍선처럼 떠올랐다
있는 그대로 쓰는 것이 잘 쓰는 것이라고
솔직하게 그려내던 이야기는 비밀을 누설한 죄명처럼
오래도록 딱지로 내려앉은 채 더는 낫질 않았다

빚쟁이들이 둘러앉은 방안에 더 무거워진 저녁 빛
사람들의 아픈 말에 집에서 가장 큰 기울이 무너져 내렸다
오빠의 끈끈한 슬픔이 방바닥에서 검붉게 피어나고 있었다

바닥은 거기서부터 시작이었다
더는 내려갈 곳이 없었던 그때
바닥을 딛고 오르려 작은 날개를 키웠다

허물을 벗는 날이 다가오고 있었다
산을 넘어오는 아침처럼 천천히

슬픔은 등 뒤로 숨는다

휭하니
마당으로 바람이 든다
구멍 숭숭 뚫려버린 오동잎 서너 장
머물 곳 찾지 못해 쓸려 다니고

이리저리 뛰어다니던 커다란 개의 그림자
그림 속의 집처럼 고요하게 잠겨있다

개는 제 그림자를 지우지 않으려
몇 번이나 고개를 치켜들고
쉽게 물러날 수 없다는 듯
숨소리만 깜빡거렸다

차마 놓을 수 없는 손을
슬그머니 놓고 있었다
어둠이 막 사라지기 시작한 새벽이었다

눈물 쏟아지는 아침 안개에 둘둘 말려
우리는 그렇게 이쪽과 저쪽이 되었다

누가 묻지 않았으면 하는 안부
등 뒤에 숨기고 며칠이 지나고 있다

눈 내리는 밤

강아지 코 고는 한겨울 밤
잠들지 못하는 빈 뜨락에
눈이 내린다

쓰지 못하고 남겨둔 말들이
오들오들 떨다 밀려나 덮이고
혼자여서 숲이 되지 못한 나무
그 위로도 눈이 내린다

덮인 자국도 한껏 풍경이 되는
적막한 골짜기에는
낯선 인적만 드물 뿐
오래도록 침묵으로 견딘 숱한 것들이
내게 집중하고 있다

따뜻하게 덮여가는 또 하나의 손
오래도록 혼자여도 혼자이지 않은

첫 아이

강동성심병원에서
빈 싸개만 들고 돌아오던 딸이 울음을 터뜨렸다

코로나로 사람들의 숨소리도 조심스러운 때
황달기가 수치를 넘었다는 이유로

오늘 밤 젖은 차오를 테고 허전한 가슴팍은
찢어졌을 것이다

세상에 피붙이라는 것이
이름만으로도 아픈 것이라는 걸
꼬박 새운
자판의 이명으로도 알겠다

아이가 엄마가 되었어도
내겐 여전히 아이인 것처럼
그 눈물까지도 고스란히 느껴지는 새벽

하늘엔 유독 차가운 바람이 들고
맑다 못해 시린 별들만 반짝거리고 있다

내가 그를 읽은 이후

이제 막 익기 시작한 옥수수와 함께
아직은 선선한 아침을 따 가지고 온 그의 손에는
딱 열 개

하루에 열 개씩 따오겠다던 그의 약속입니다

마르지 않은 껍질을 벗겨내자
단단하게 익은 두 개와
설핏 익고 있던 여덟 개가 보입니다

난 딱딱한 게 좋아
난 여린 게 좋아

두 사람의 기호는 늘 두어 뼘 거리에 있습니다

김 오르는 솥에 앉히고 보니 여덟 개는 배려였습니다
늘 모자란 그의 몫은 오늘도 가만한 시선으로
그저 잠잠합니다

하루가 또 평화롭게 저녁으로 기울어질 것 같은
아침입니다

3부

굽은 못

잔뜩 녹이 슨 채로
구부러진 못 하나
소파에서 잠들어 있다
가야 할 내일을 향해
나침반의 자침처럼 곧지 못하고
반쯤은 굽어 있다

꺾여진 그의 청춘 방향이다

그의 노모는
아들이 공무원인 것이 평생의 자랑이었다
머리에 인 생선 광주리의 무게를 견딘
힘이기도 했나
이른 아침 아들에게 맡겨진 하루는
엄마 노릇 몇 가지가 숙제처럼 적혀져 있다
세 살 아래 동생은 엄마가 돌아올라치면
다 완성된 목록을 손가락을 접으며 보고를 했다

가난이라는 변명을 가슴에 두르고
열아홉 교복을 입은 채 시작된 공무원
단단한 벽에 박힌 올곧은 새 못이었다

>

서너 번은 만져봤을 사표의 문장은
어머니가 달아준 훈장의 기세에 가슴으로
숨어들고 바람벽에 낡은 사진으로 걸려 있었다

아흔셋 노모 쪽으로 그의 나이가 선회하고 있다

그가 가지 못했던 청춘의 꿈들이
노을이 되어 빛나고 있다

날리는 것은 눈이 아니라 눈물이었다

오래도록 슬픈 사각의 파편들이 모여
세상을 덮고 있다

누구의 것은 더하지도 모자라지도 않은 채
누구의 자리도 빼앗을 마음 없이
겹겹이 내려앉는다

멀리 크리스마스 섬에서는
홍게가 목숨을 걸고 알을 턴다
바다에 사는 것들이 익사한다는 것은
붉은 사실이었다

암컷들은
목숨을 다해 다음을 만드는 운명을 지니고
눈물처럼 뚝 떨어져 갔다

폭설

어머니 나라에
봄이 절정이다

흰 꽃잎들이
한꺼번에 쏟아졌다

그 사람

쩍쩍 금이 간다
숨어 있던 균열이 제 몫으로 일어나
살고 싶다고 숨 쉬겠다고
제 몸을 갈라놓는다

상처였어도 피 한 방울 흘리지 못한
혼자 앓은 흔적이 거멓게 말라 있다
누가 밀지 않아도 흘러가는 시간

나무랄 일도 후회할 일도 없다는 듯
그저 끄덕이며 가는 낙타는
사막이 여기인 줄도 모르고
오늘도 사막을 향해 가고 있다

쉰발이 이야기

1.
가을비 오는 밤
올 풀린 망토 끄트머리 같은
쉰발이가 깜짝 놀라 달아난다

치익 치익 치이익
치익 치이익
셀 수 없는 숱한 다리들이 조용해지는 순간

거기 꼼짝 못 하는 나를 보았다
등을 채 세우지 못하고 아무 말도 못 하는

그냥 보내 주지 그랬어

내 소리보다 더 큰 빗소리가
어둠을 두드리고 있었다

2.
돌아갈 시간을 놓쳤다
마룻바닥을 깨우는 소리
덜컥, 문고리 비껴지는 소리

>

그 짧은 섬광 속
아무리 달아나도 숨을 곳은 없었다
희뿌연 숨 막힘이 절정이다
셀 수 없는 숱한 촉각들의 마비
아득한 기억 속의 웃음들

네 어머니는 그러지 않으셨다지
쉰발이 오면 돈 생긴다
그냥 저 갈 데로 놓아주시던
네게서는 보이는 듯 보이지 않는 네 어머니

나도 그냥 보내 주지 그랬어

물 한 모금 마시고 싶은
가을비 오는 밤

이유

이 땅에 피는 풀꽃들이 그냥 수수하게 사는 것처럼
빛바랜 마음들이 그러려니 살아가는 것처럼
잠시 나를 내려놓고 살면 되는 줄 알았다

작은 풀꽃 하나도 피기 위해 처절하게 견디어야 하는 것을
저 나름대로 절정을 지나 이리도 화려하게 피어 있는 것을
모른 척, 알아도 모른 척 지날 일은 아니다

빨래를 널고 돌아서니 햇살이 숨는다
소식 없던 비, 갑자기 들이닥치는
이것도 그냥 하루의 순간일 뿐이다

살아 있음으로 아름답고 싶었고
잘 견딤으로 아름답고 싶었다

너를 사랑하는 이유로 아름다워졌던 날들이
이제 나를 사랑하는 이유로 아름다워져야 한다

가을에게

뚝 뚝 눈물처럼 나뭇잎이 떨어지고
고개 숙여 바라본 발 등 위엔
지나가는 시간이 묻어 있다
말없이 가는 너를 바라보고 있다

바바리 깃을 세운들
이렇게 떨어지는 것들을 위로할 수 있을까
억울한 이별 앞에서
그저 부르르 몸을 떨 수밖에

가야 하는 것들을 위해
남은 바람 한 자락 끌어다 덮어주고
고개 숙여 줄 수밖에

아름다웠던 날들
눈부셨던 절정 속에서
지그시 눈 감고 잠시 머물 수밖에

살아가는 일에 잊고 사는 일에
그렇게
눈 짓물러 살 수밖에

>

버석버석 타들어 가는 마음속으로
이렇게
허전한 편지 한 장 띄울 수밖에

빗소리가 세상의 틈을 메우고 있다

당신과 내가
만들어 놓은 침묵 사이와

건너편 숲과 나무 사이로
가끔 햇살이 드러눕던 자리

개구리를 물고 뒷걸음치던
뱀이 사라진 바위와 바위 사이

봉선화와 항아리 사이
상사화와 백일홍 사이

우리가 채울 수 없는
간극 사이로도 비는 내린다

오래된 사람들

여자 냄새나지 않는 여자와
남자 냄새나지 않는 남자가
한 이불 속에서 산다

서로의 냄새는 잃어버린 채

쥬시후레시 향 치약 냄새나
배변 패드를 치우고 닦는
식물나라 비누 냄새만 남는다

유월의 밤꽃이 흐드러지던 날에도
막다른 집에는
고요가 습관처럼 잠들고 있다

소요

낯의 반을 덜어낸
오후의 반을 헐어 낸
저만치 달아났던 빗줄기 다시 돌아와
가을은 장마 속으로 기울고

한꺼번에 쏟아져 내린 비는
어린 밤나무를 뒷마당까지 배달했다

뿌리가 허옇게 불어버린 낯빛은 불안하고
아직 다 쓸리지 못한 말들이
골짜기 곳곳에서 기회를 노리고 있다

물이 가야 할 길이 열리지 않았다는 이유였다

그 어머니

예당저수지의 가뭄이 깊었다
고기 잡는 아들이 헛웃음을 웃을 때마다
살다보면 이런 때도 저런 때도 있능겨

말라가는 물을 따라가지 못한
말조개 한 마리 뭍이 된 바닥에서
이러지도 못하고 저러지도 못하고 있다

살아라 살아라
네가 살아야 고기가 살고
고기가 살아야 울 아들이 산다

그 어머니의 고시레는 눈물이었다

오늘 아침 슬그머니 비가 내렸다
텔레비전 속 기도를 뿌리치지 못한 하늘이
하루 종일 잔뜩 젖어 있었다

봉숭아꽃이 피었습니다

초승달만큼 늘 모자란 손톱 밑에는
빛바랜 봉숭아 꽃잎의 기억이 있다
꽃잎이랑 하얀 백반 조각을 콩콩 찧어
푸른 잎새에 다섯 손가락 꽁꽁 감아 돌리던
엄마의 무명실에는 견딜 수밖에 없었던
인연의 물기만 불그레 남았다

엄마처럼 곱게 늙고 싶었는데
출렁출렁 넘칠 듯 흘러가는 나는
장독대 옆 봉숭아꽃이 환하게 피어도
제대로 한번 물들여 보질 못했다
그 꽃잎 따려면 이틀은 눈 붉은 소리로
울어야 할 것 같아서

못 본 체 곁눈질로만 지나간다

전화를 건다

또르륵 또르륵
아무도 받아들지 않는 수화기
혼자 먹먹해지도록 울렸다

기억 속의 그 집에는
까만 몸통에 손잡이를 돌려야 하는
전화기가 있었다

가느다란 선을 타고 여기저기에서
달려오던 목소리들

뜨거운 김이 올라오는 부엌에서
전화를 받으러 올라치면 엄마는
하얀 앞치마에 손을 문지르곤 했다

좋은 소식보다 힘겨운 소식들이 더 많았던
기지시 31번은
전화기만큼 어두운 기억들이 많아

그래도 목소리 그리운 날엔
또르륵 또르륵
전화를 건다

>

시간은 세월을 거슬러 까만 전화기를 깨우러 간다

엄마, 전화 왔어요

같이

무언지 모를 것에게
기특하게 익어가던 옥수수가 당했다
두꺼운 껍질조차 견디질 못하고
풋풋하게 영글어가던 낱알들이
허연 맨살을 드러내고 말았다

– 그러게 그물을 쭈욱 치라니깐

아무리 사방 둘러봐도
지들 드나드는 구멍은 귀신같이 찾아내는
생존의 DNA는 당할 재간이 없다

– 이거 먹어도 되는 거야

몇 알 남지 않은 옥수수를 챙기며
여자가 묻는다
내심 고라니가 먹었으면 모를까
멧돼지가 먹었다면 안 먹고 싶다

– 괜찮어

세상 모든 일에 괜찮은 남자가 그랬다

>

여자는 김을 올려 옥수수를 찐다
허옇게 드러난 빈자리에도
단내가 배는 아침이다

가을이라서 그래

바람은
아무 짐도 꾸리지 않고 있는 느티나무를
채근하고 있다

요양원으로 가신 장애인 아저씨는
올가을에도 돌아오지 않았다

바람은
편도의 긴 여행을 떠난 아저씨의 이야기를 알고 있었다

텅 빈 집 그늘만 지키고 있던
느티나무는 그제서야 조금 눈치를 챘는지
귀퉁이에 서서 울고 있다

나는 아무것도 알아듣지 못한 척
파란 하늘만 보다가 혼자 중얼거렸다

눈이 부시다고

꽃으로 핀 상처

한겨울 서촌 문학기행
오래된 골목에 꽃이 피어 있었다
사람들이 앞만 보고 지날 때
한 눈 팔던 내가 본

잘 익은 수박 벌어지듯
차가운 시멘트 벽을 가로지른 균열
어두컴컴한 깊은 곳
시린 비명 소리를 들었던 것인가

누군가
꽃으로 상처를 기워놓은 사람 있었다

아직 한참 먼 봄을 끌어와
한 송이 한 송이
금 간 마디 끝에 분홍빛 꽃을 피워
상처 입은 겨울 벽을 위로하고 있었다

4부

출산

주황으로 살이 튼 산수유나무
겨울 햇살이 저미듯 다가와 깊이 박히고 있다

개갈 나지 않는 이파리가 싫다며 누구는 마다하고
어떤 기억은 빨갛게 매달린 열매를 씹으며 몸서리쳤다
간혹 그 맛의 기억이 시거나 떫을 수도 있음은
맨 아랫집 울타리에 환했던
보리수와 헷갈릴 수도 있다고 슬쩍 흘려 본다

어쩌면 저것은
가지의 성장통이 아닌 주황의 두드러기
까끌까끌한 산등성이의 바람에 날려온 꽃버섯일지도

혀끝 달게 말하는 건 아주 위험한 일이다

혼자 웃는 한낮의 고요
사람은 멀고 켕켕 헛기침을 앓는
늙은 개의 눈빛이 풀려나고 있었다

풍경을 만드는 전봇대와 솟대
잘박한 논바닥의 얼음과 흙바닥의 경계
가슴마다 봄을 슬쩍 당겨 안는
산수유나무 머지않아 질펀하게 몸을 풀 모양이다

먼저 오는 이름

어딘가 틈으로부터 먼저 오는 이름이 있다
첫 음절처럼 동그랗게 말렸다가
배시시 터지는 웃음처럼

길게 머리를 풀어 헤치고 빛이 달려드는 오후
한참을 보다가 그림자를 찍어보는
나르시시즘의 기억을 헤집어
자주 지우개를 쓰고 있다는
안부를 떠올려 본다

우리였던 적이 없는 사이
누가 먼저랄 것 없이 그저 아는 사람으로

어느 가을
장엄하게 서 있는 메타세쿼이아의 긴 그림자로
서로에게 밟히지 않으려 달아나는 바람처럼
스친 적 있다

닿지 않아도 사랑이 되는 오래전 소설 속 이야기
끌렸다는 고백이 없어도 그저 거기 있어 주는 것만으로
긴 밤이 고요하고 잔잔하다는 고백을 하고 싶었다

꽃은 또 한 번 이름을 지우고

마른 개울처럼 속으로 우는 밤
비틀다 비틀다 일어나 앉은 잠의 뒤통수에
그믐이 내어놓은 어둑한 문장

어둠도 익숙해지면 환해진다고
멀어서 흔들리는 그믐달이 새벽을 건너가는 동안
자귀나무 꽃그늘을 분질러 놓은 바람을 듣는다

오래전
성당 오솔길에
이름도 모른 채 오롯이 남아 있던 분홍의 설렘
해마다 여름은 돌아오고 또 돌아오고
한 겹씩 열어지는 날캉한 기억들

어느 하루에는
다 펴버린 손바닥처럼 가벼웠다가
비워진 자리에 남은 손금처럼 슬펐다가
바람이 닿는 자리에서 잠시 부드러웠다가

지금은
삶의 반나절을 훌쩍 넘어
울타리 근처

부부 나무라 불린다는 그 나무가 자라고

분홍 꽃그늘 아래
오래전에 놓아준 이름 하나
서성이고 있다

시시하다

시시하다가
또 詩, 詩 하다가
반백을 넘어서도록
여전히
시시하고 있다

머리 꼭대기에 매 한 마리
빙빙 돌면서 날개를 펴 보이는데
움켜쥘 무엇 하나
보이질 않고

푸른 물을 가득 담은
11월의 하늘

툭, 하고 쏟아져 버리면
퍼덕이는 날 것 하나
움켜쥘 수 있을까

편지

바람으로 다녀갔구나
하루가 성큼 넘어간 자리
마른 잎 가장자리로 비껴 있는 걸
돌아보지 않아도 알게 되는 건
마른 촉수의 간절함이랄까
그림자도 사라진 날들이 이어지고
하늘도 제자리에서 머뭇거리며
한 해가 지고 한 해가 다시 왔다

밖은 궁금한 안부에 지나지 않고
안으로 깊어지는 삶의 흔적들
고집스러운 열정이 봄을 흔들어 깨워
살갗은 일어나고 까슬하게 버틴다
그러다가 봄을 만나면 꽃이 되는 거지
그랬으면 좋겠다는 거지

아직은 꿈에서 깨지 않는
깊은 밤으로 조금 더 가도 괜찮아
어두우면 어두울수록 골똘해지는
별 서 넛
내 별은 아직 거기 닿지 않았으므로
조금 더 깊이 사랑해도 된다는 약속이

살아 있는 거지

마침표를 찍지 않은 문장으로
안부를 물으며 내일로 가려고
혹여 수취인 주소불명의 반송이 될까
내 것도 네 것도 없는 하얀 여백만으로
마음을 헹구어 적어 놓는다

가시엉겅퀴

붉은 보라 그 여자
외출 중이다
도시의 열기 묻히고 넘어온
바람이 서늘해지고 있었다

스스로 혼자가 된 소문이
허물어진 흙을 따라 내려가고
저녁 어스름이
그림자처럼 길게 늘어지고 있다

지는 자리에 머물러
꽃 피는 기억만으로도
삶은 아름다운 것이라고

허리 기울인 채
화려한 날은 지나고
피었다 지는 자리에 몰래 심어둔
비밀

비상은 멀지 않았다

옹알옹알

아기가 웃는다
눈이 마주칠 때마다
누가 가르쳐 준 적 없는
코를 찡긋거리며

문득 파란 바다가 한바탕 달려온다

먼 별에서 온 아기는
별의 옹알이를 한다
반짝거리는 밤하늘에 아로롱아로롱 새겨진

알아듣지 못해도 뭔가
사랑스러운 말을 하는 것이리고
좋은 이야기만 하는 것이라고

손등에 걸린 보조개
손가락 언저리에서 웃고
꼭 쥔 주먹 사이로
따뜻한 향기 숨어있다

함부로 내놓을 수 없는
별나라 비밀 수첩

자장가

잠이 달아난 자리
침묵처럼 물감이 굳고
달빛은 아직 그려지지 않았다

저 하늘은 너무 멀어

기댈 곳 없는 채 한쪽이 무너진

그저 허물어지던
평생 허물어만 지던 어머니

종잇장 같던 등에서 듣던
검둥개야 잘도 잔다
둥둥개야 잘도 잔다

이 깊은 새벽
그 노랫소리 한 번만 더 들을 수 있다면

이젠 어머니보다 더 늙은 목소리가
별처럼 반짝거리는 아이를 재우고 있다

검둥개야 잘도 잔다
둥둥개야 잘도 잔다

낙화

자유로울 수 있다는 말에
봄은
묵인된 붉은 도장을 찍었는지 모른다

꽃이 피었다는 이유로 열린 환한 축제
마음이 허한 날들 속에서
더러는 바람이었다가 머물 곳을 놓쳤다

혀를 끌끌 차는 세상은 수런수런
침묵하며 지나가는 바람의 뒤통수가
창백해졌다

어떤 사람에게도 함부로 하지 마세요

꾹꾹 눌러 쓴 당부 한 마디
눈부시게 아픈 하늘에 걸어 놓고

꽃은 가만히 내리고 있다

동백을 부고하다

처음부터 내게 붉었던 너는
오래도록 그럴 줄 알았다

소슬바람에
꿈속까지 밀려와서도 붉었던 너는
끝까지 그럴 줄 알았다

너의 청춘이 부고로 날아든 봄

두고 온 마음이 먼저 울고 있다
널 사랑한 붉은 마음이

허공에서 네 이름을 찾는데
대답처럼
동백이 눈물로 떨어지고

동백 2

우리의 반은 슬픔이었다

통째로 떨어진 동백의 넋으로
상처 위에 고인 붉은 눈물

우리의 반은 그리움이었다

다시, 봄이다

나무는 작년을 꿈꾸지 않는다

처음부터 혼자였다

갈래머리 햇살이 놀러 오자
연두를 간신히 벗어난 나무는
짧게 꽃피고 가는 것들의 뒤에서
마음 키우는 법을 배웠다
세상을 보는 눈높이가 달라졌어도
돌아보지 않는 거기 늘

연두에서 초록, 진녹으로 변해 갈 때도
누구의 손 없이 묵묵하게 견뎠다

숲에는 여전히 혼자인 것들이 모여 있다

단풍 같은 사람들의 울긋불긋한 이야기
숨 깊은 세월이 삭혀가는 너그러운 발걸음
키를 재던 아이는 얼마나 자랐는지
휘파람을 불어주던 사람들은 어디로 간 건지

작년을 꿈꾸지 않는 나무는
한낮 슬그머니 잠에 빠져들고 싶었다

우물우물

김장을 마치고
빨갛게 치대진 김치 속을
말갛게 익은 돼지고기와
잘 절인 노란 배추에 싸 먹는다

손 덜어준 또래 이웃도 함께다

이 나이쯤 되면
세상살이는 그럭저럭 감싸고
눈 감아진다고

가슴에 닿으면 쓰릴 것 같은 말도
뜨거운 눈물 너머 그리운 이름도
다 삼켜진다고
말없이 우물거리고 있다

반쯤 감긴 눈 밑에선
젊은 날의 미각이 언덕처럼 부풀어 있다

바람이 왔다

저녁을 끌어안고
가장 깊은 곳으로 누웠다

어둠을 지핀 아궁이
노란 별들이 자꾸 허공을 더듬고
내어 건 깃발까지 잊혀진
밤은 어수룩하다

깨지 않은 새벽을 휘젓는 닭 울음소리

돌아가는 바람의 등이 별을 달고 있다

여기서는 별도 외롭다

소파에서 잠이 들었다가
이렇게 끝날지도 모른다는
두려움에 눈이 떠졌다

깊은 침묵에 잠긴 세상
큰 개 목울음으로 산등성이가 더 어두워졌다

보이지 않는 것
보여도 알 수 없는 것

외롭다는 것은
보이지 않는 짐작 같은 것일 텐데

아무리 예쁘게 빛나도
틈 없이 박혀 있어도 손 닿지 않는 별처럼

아무리 가까이 있어도 마음 닿지 않는
사람과 사람의 사이
돌과 나무의 사이
여기와 저기의 오랫동안 먼 사이

여기서는 별도 외롭다

동행

난 당신을 향해 환하게 열리는 봄

저 멀리 파란 신호등이 켜지고 있다

새벽 세 시

깊은 안개를 풀어 바다를 재운 어둠이
선잠에서 화들짝 놀라 깨자
여러 개의 둥근 등을 켜 든 오징어잡이 배가
뒤꿈치를 들고 떠났다

밤새 술을 퍼붓던 불빛들이
풀어진 눈동자를 헹구며 시간을 일으킬 때
남루를 걸친 그림자 하나가
회색의 그림을 완성하고 있다

더 이상 아무것도 보이지 않는 지금
어디를 건너가야 나 비로소
아침이 될 수 있을까

해설

말의 꿈

— 강은희의 시세계

반경환 문학평론가

말의 꿈
— 강은희의 시세계

반경환 문학평론가

꿈이란 무엇일까? 꿈이란 잠자는 동안 일어나는 심리적인 현상일 수도 있고, 실현시키고 싶은 어떤 희망이나 이상일 수도 있다. 꿈이란 실현 가능성이 아주 적거나 허망한 망상일 수도 있고, 소년의 꿈이나 신혼의 꿈처럼 아주 달콤한 환상일 수도 있다. 흔히들 심리학자들은 밤의 꿈을 인간의 욕망이 익압된 것이라고 말하고, 그것을 흔히 나쁜 꿈이라고 말한다. 전지전능한 신이 되거나 황금알을 낳는 암탉이 되고 싶은 꿈처럼 전혀 이치에 맞지 않는 꿈을 우리는 망상이라고 부르고, 소년의 꿈이나 신혼의 꿈처럼 구체적인 근거도 없이 꾸는 꿈을 환상이라고 부른다. 밤의 꿈이나 망상이나 환상, 또는 한낮의 백일몽이나 몽상 등은 그것이 비록 구체적인 근거도 없고 전혀 이치에 맞지 않는다고 할지라도 우리는 그 꿈들을 통해서 자기 자신의 불만족한 현실을 달래며 살아간다고 할 수가 있다. 어린아이의 꿈이나 학자의 꿈, 아버지의 꿈이나 엄마의 꿈, 정치인의 꿈이나 군인의 꿈, 시인의 꿈이나 화가의 꿈 등은 그것이 그의 간절한 소망이고 실현 가능성이 있다고 하더라도 그러한 꿈들, 즉, 희망이나 이상 속에도 망상이나 환상, 또는 백일몽이나 몽상 등이 혼재되어 있을 수밖에 없다. 좀 더 분명하고 명확하게 말한다면, 그것이 황제의 꿈이든, 시인의 꿈이든, 대사상가의 꿈이든, 그 모든 꿈들은 환상일 수밖에 없는 것이고, 바로 그렇기 때문에 우리 인간들은 꿈을 꾸고 있는 것이라고 할 수가 있는 것이다. 불가능하기 때문에 꿈을 꾸어야 하는 것이고, 꿈이 있기 때문에 불가능에 도전을 해야 하는 것이다.

꿈은 희망이고 이상이며, 꿈은 우리 인간들의 행복을 좌우한다. 개꿈이든, 돼지꿈이든, 우리는 꿈을 꾸지 않으면 안 되고, 어린아이의 꿈이든, 학자의 꿈이든, 아버지와 엄마의 꿈이든, 정치인과 군인의 꿈이든, 시인과 화가의 꿈이든, 우리는 그 꿈이 있기 때문에 이 어렵고 힘든 세상을 살아갈 수가 있는 것이다. 꿈이 있으면 전쟁의 참화 속이나 시베리아의 벌판 속에서도 살아 돌아올 수가 있고, 꿈이 있으면 대형빌딩의 붕괴와 아프리카의 밀림 속에서도 살아 돌아올 수가 있다. 꿈은 가장 구체적이고 확실한 삶의 의지이며, 이 삶의 의지가 있는 한, 그 어떤 고난이나 가난 속에서도 살아 남을 수가 있다. 우울증이나 정신분열증, 고독사와 자살, 그밖의 모든 병들마저도 꿈을 꾸는 자와는 상관이 없는데, 왜냐하면 모든 불행과 슬픔들은 우리 인간들의 삶의 의지를 가장 무섭고 두려워하기 때문이다.

강은희 시인은 충남 당진에서 태어났고, 2022년『서정문학』으로 등단했다.『그늘의 꿈을 깨우다』는 강은희 시인의 두 번째 시집이며, 그의 『그늘의 꿈을 깨우다』의 시세계는 한 마디로 '말의 꿈'의 세계라고 할 수가 있다. 그는 "지나간 시간은 아름다웠고/ 지나간 사랑은 더욱 아름다웠고/ 지나간 사람은 더더욱 아름다웠다"(「시인의 말」)고 말하고 있지만, 그러나 이제는 모든 것이 다 "지나갔기에"에 아름다웠다고 말한다. 아마도 그의 추억과 기억은 상처뿐이고, 그 상처들을 다스리고 용서하지 않는 한 그의 '말의 꿈'은 이룰 수가 없었을 것이다.

손끝으로 세상을 읽는 것은
사람의 마음이 보이지 않는 사람이나
마음이 어두운 사람이나 별반 다르지 않다

환한 세상에서도 환하게 읽히지 않는 문장
슬픈 얼굴에서도 슬픈 눈빛을 읽지 못하는
깨어진 글자들의 상처를 우리는 알지 못한다

훔쳐 오고 싶을 만큼 아름다운 말들이
봄날 민들레꽃처럼
여기저기에서 살아났으면 좋겠다

슬퍼도 아름다운
살아서 더 눈부신

이 땅의 말들이 어둡지 않은 글자로
온전하게 살아 있었으면 좋겠다
—「말」 전문

말은 우리 인간들의 생명이고, 우리는 말로서 숨을 쉬고 말로서 밥을 먹는다. 말로서 세상을 읽고, 말로서 소통을 하며, 말로서 아름다운 시와 문화유산을 남기고 죽는다. "환한 세상에서도 환하게 읽히지 않는 문장/ 슬픈 얼굴에서도 슬픈 눈빛을 읽지 못하는/ 깨어진 글자들의 상처를 우리는 알지 못"하지만, 그러나 자유와 평등과 사랑의 말들을 찾아내어 말의 생명을 되살려 놓지 않으면 안 된다. "훔쳐오고 싶을 만큼 아름다운 말들이/ 봄날 민들레꽃처럼/ 여기저기에서" 피어나지 않으면 안 되고, "슬퍼도 아름다운/ 살아서 더 눈부신" "이 땅의 말들이 어둡지 않은 글자로/ 온전하게 살아"있게 하지 않으면 안 된다. 「말」은 강은희 시인의 생명이고, 숨소리이며, 그는 이처럼 티없이 맑고 깨끗한 말로 예술품 자체가 된 삶을 산다. 인간은 유한하지만, 말은 영원하고, 그는 '말의 꿈'을 꾸며 살아간다.

추억이 아름답다고 말할 수 있는 사람은 진짜로 가난하고 고통스러웠던 사람이 아니다. 진짜로 가난하고 밥 한 그릇과 죽 한 그릇도 먹기가 힘들었고, 상급학교의 진학은 커녕 온갖 천대와 멸시를 당하며 최하 천민의 삶을 살아야 했던 사람에게는 추억이 없다. 친구들이 교복을 입고 등, 하교를 하는 것, 벚꽃이 만발한 날 손에 손을 잡고 부모형제들과 친구들이 꽃놀이를 가는 것, 수학여행을 가거나 해외여행을 가는 것, 좋은 옷과 좋은 음식을 먹으며 대저택에서 사는 것을 '소년(소녀) 가장'처럼 바라보며 눈물과 콧물로 밥을 말아먹던 사람에게는 추억이 없고 재앙만이 있다.

야간학교 등굣길

버드나무 가지처럼 휘청이다가
종잇장처럼 얇아진 엄마가
냇물같이 흔들린다

엄마 어디 아퍼?
어지러워서

다시 그 길로 돌아오기까지
하루는 젖은 얼굴로 길게 어두워졌고
엄마의 얼굴이 낮달같이 하얗게 떠 있었다

가끔 엄마는 토마토 꼭지 냄새가
농약 냄새랑 닮았다는 말을 하곤 했는데
그때 농약 공장 근처의 냄새 때문에
어지러웠다는 걸 알았다

설탕 솔솔 뿌려 섯가락에 꿰어 먹던
어린 날의 기억만 좋았을 뿐
가세 기울고 온전한 남루의 기억으로
토마토는 멍치 끝부터 먼저 글썽여지는
엄마의 흔적이었다

텃밭에서 빨갛게 익어가는 토마토를 딸 때마다
하루살이 같던 그 시절
시간이 벌어다 주던 종이봉투 속 쌀알처럼
단단하게 부여잡았던

가난한 목숨들을 생각하게 한다
—「토마토 단상」 전문

강은희 시인의「토마토 단상」은 추억이 아닌 재앙 자체의 시간이며, 가난이 한 가정을 어떻게 파괴하고 일그러 트렸던가를 생각해 보게 한다. 우선 "야간학교 등굣길에/ 버드나무 가지처럼 휘청이다가/ 종잇장처럼 얇아진 엄마가/ 냇물같이 흔들"리는 모습을 보여준다. "엄마 어디 아퍼?/ 어지러워서", "다시 그 길로 돌아오기까지/ 하루는 젖은 얼굴로 길게 어두워졌고/ 엄마의 얼굴이 낮달같이 하얗게 떠 있었다." 엄마는 가난한 이웃을 내몸처럼 생각하던 엄마였고, 엄마가 가게를 할 때에는 가난한 사람들과 걸인들이 줄을 지어섰고, 엄마는 결코 그 어렵고 불쌍한 사람들을 외면한 적이 없었다. 그 결과, "소문처럼 집은 기울고 문간에는 창백한 바람이 서 있게" 되었다. 왜냐하면 "챙길 게 없으면 등을 보이는 게 세상이었"고, "덜어줄 게 없으면 등을 보고 있어야 하는 게 세상이었기"(「팔자는 볶는 것이다」) 때문이다. 반드시 그 때문에 가세가 기울어진 것인지, 어떤지는 모르겠지만, 엄마는 가게를 접고 일을 하지 않으면 안 되었던 것이다. 추억은 중독성 농약이자 어지러움증이 되었고, 추억은 야간학교이자 그림자의 눈물이 되었다. 추억은 가난이자 쥐똥이 되었고, 추억은 대사건이자 재앙 자체가 되었다. 사춘기 딸 아이는 야간학교를 다녀야만 했고, 엄마는 농약에 중독되어 토마토를 볼 때마다 어지러움증을 호소하고 구토를 하지 않을 수가 없었던 것이다. 가난은 꿈조차도 꿀 수 없게 하고, 인간을 비인간으로 만들며, 그 모든 사회적 천대와 멸시를 다 받게 만든다. 강은희 시인의 두 번째 시집『그늘의 꿈을 깨우다』의 표제 시에도 그녀의 추억과 기억은 온통 상처—재앙뿐이었다는 사실을 증명해준다.

고칠 수 없는 기억을 베고
왼쪽 벽으로 돌아누우며
한낮 잠이 든 여자는

빈 벽의 그늘에 눌려 꿈을 꾸고 있다

그네를 타고 있었다
멀리까지 날아갔다가
다시 다리를 접으며 되돌아오는

아무것도 없이 빈 채로 돌아오던 여자가

문득 꿈을 더듬어 보고 있었다
어디쯤에서 멈춰 선 것인지
어디쯤에서 잃어버린 것인지

내 꿈은 쥐똥이다를 복창하던 수련회
아이의 꿈은 쥐똥으로 뭉개지고
더 큰 섭리를 쥐어주던 말들이 살아나고 있었다

기억에서 끌려 나온 아이의 꿈이 오래도록 흐느끼고 있었다

바람은 틈새를 스쳐 갔으며 여자의 나이가 부풀려지고
있었다

밖에서 돌아온 남자가 조용히 여자의 꿈을 깨우고 있었다
—「그늘의 꿈을 깨우다」 전문

강은희 시인의「그늘의 꿈을 깨우다」의 "고칠 수 없는 기억"은 상처이고 재앙이며, 어린 시절의 그녀를 그토록 억압하고 짓눌렀던 사건일 것이다. 아무튼 "고칠 수 없는 기억을 베고/ 왼쪽 벽으로 돌아누우"면 "한낮 잠이 든 여자는// 빈 벽의 그늘에 눌려 꿈을 꾸고 있"었던 것이다. 어린 시절의 그녀는 꿈 많은 소녀였지만, 그러나 그녀의 가정형편 상, 그 꿈을 추구할 수가 없었던 것이다. "그네를 타고 있었다"는 것은 꿈을 꾸고 있었다는 것을 말하고, "멀리까지 날아갔다가/ 다시 다리를 접으며" "아무것도 없이 빈 채로 돌아"왔다는 것은 그 어떤 꿈도 도로아미타불의 헛수고로 그쳤다는 것을 뜻한다. 따라서 이미 수십 년이 지난 어른이 되어서도 "내 꿈은 쥐똥이다를 복창하던 수련회/ 아이의 꿈은 쥐똥으로 뭉개지고", "더 큰 섭리를 쥐어주던" 어린 시절의 말들이 살아났지만, 그러나 "기억에서 끌려 나온 아이의 꿈이 오래도록 흐느끼고 있었던" 것이다. 꿈을 잃으면 인간은 소심해지고 작아지며, 자기 자신의 존재의 이유와 삶의 의미를 잃어버리게 된다. 이룰 수 없는 꿈과 빈 벽의 그늘에 눌려 그 어떤 대책도 없이 오래도록 흐느끼고 있을 때, "밖에서 돌아온 남자가 조용히 여자의 꿈을 깨웠던" 것이다.

시란 말들의 집이고, 이 말들의 집은 티없이 맑고 깨끗한

집이다. 모든 아름다움은 순수함의 가장 이상적인 형태이며, 온몸으로, 온몸으로 시를 쓰는 사람만이 완성할 수가 있는 것이다. 말로서 숨을 쉬고, 말로서 밥을 먹으며, 말로서 꿈을 꾸는 사람은 진실한 사람이지만, 그러나 대부분의 시인은 인간의 사회에서는 버림을 받고 신들의 사회에서는 크나큰 은총을 받는다. 강은희 시인이 오랜 시간이 지난 후, 그 추억과 상처와 재앙을 다 치유하고 진정한 시인이 될 수 있었던 것은 밖에서 돌아온 그 남자 때문이었다고 할 수가 있다. 밖에서 돌아온 그 남자는 천사이자 구원자일 수밖에 없는데, 왜냐하면 그 "여자의 꿈"을 일깨워 주었기 때문이다. 가령, 「내가 그를 읽은 이후」라는 시를 보면, 남자는 딱딱하게 익은 옥수수를 좋아한다고 말하고, 여자는 "난 여린 게 좋아"라고 말한다. 하지만, 그러나 그 남자가 따온 열 개의 옥수수 중 여덟 개는 그 여자의 몫이었고, 그 남자의 몫은 겨우 두 개에 지나지 않았던 것이다. 늘 모자란 그의 몫을 보며 그 여자는 사랑을 배우고, 사랑은 배려이고 용서라는 것을 깨닫게 된다. 따라서 그 추억, 상치, 재앙을

치유의 순간은
두 팔을 벌려 가슴에 안아주는
따뜻함으로 온다
—「어제를 치유하는 것」 부분

따뜻한 시선이 닿자 그늘이 살아 오릅니다
처음부터 그늘이지 않은 것처럼
세상에 붙박인 슬픔이란 것은 없기로 합니다

—「붙박인 슬픔은 없다」 부분

어떻게든 살아 있다는 것은
아름다운 일이려니
—「쓰러진 국화를 일으키며」 부분

라는, 시들에서처럼 다스리며, '말의 꿈', 즉, '시인의 꿈'을 완성해나가게 된다. "훔쳐 오고 싶을 만큼 아름다운 말들이/ 봄날의 민들레꽃처럼" 피어나는 세계, 슬퍼도 아름답고, 살아서 더욱더 눈부신 말들의 세계가 강은희 시인이 꿈꾸는 세계일 것이다.

좋은 날을 위하여 견디었다는 것이다
숱한 날들을 참고 버티었다는 것이다
어제의 눈물을 잊지 않았다는 것이다

살아 있다는 것은
환하게
꽃이 피어 있다는 말이다
—「꽃이 핀다는 것은」 전문

'세계는 의지의 표상이다'라는 쇼펜하우어의 철학적 공식을 '세계는 말의 꿈이다'라는 강은희 시인의 '삶의 철학'으로 대체해도 될 것이다. 시는 말의 꽃이고, 말이 그 고통으로 활짝 꽃을 피우는 것이다. 꽃이 피려면 죽을 만큼의 고통으로 그 고통을 미화시키지 않으면 안 된다. "좋은 날을 위하여” 견디고, 숱한 날들을 참고 버티며”, “어제의 눈물을 잊지”않아야 한다. 고통스럽다는 것은 꿈을 꾼다는 것이고, 꿈을 꾼다는 것은 자기 자신과 이 세상의 모든 것에 대하여 정직하다는 것이다. 왜냐하면 “살아 있다는 것은/ 환하게/ 꽃”을 피우는 일이기 때문이다.

깊이를 내려놓은 저수지에 발자국이 남았다

투명한 빛들이 속살거리던 수면 위로
간지럼타는 산들이 까르륵거리던 날들

지나가던 구름이 멈춰
물오리 몇
깃털에 숨어 술래가 되고

겹겹이 동그라미가 쏟아지던
비 오던 기억을 뒤로한 채

하루하루 겸손해지는 비움의 작업이다
—「습작」 전문

산을 오르면 내려가야 하고, 물을 채웠으면 비워야 한다. 부를 축적했으면 다 주고 떠나가야 하고, 나를 괴롭히고 못살게 굴었던 사람들이 있었으면 다 용서해주고 떠나가야 한다. 말의 꿈, 즉, 말의 꽃을 피웠으면 저수지에 남은 발자국처럼 잠시 흔적을 남기고 떠나가야 한다. 비운다는 것은 말의 꿈과 욕망을 비우는 것이고, 말의 꿈과 욕망을 비우는 것은 영원한「습작」이며, 이 습작의 결과로 그의 삶이 완성된다.

인생은 말의 꽃을 피우는 것이고, 말의 꽃을 피우는 것은 최초의 세계, 즉, 비움의 세계로 되돌아 가는 영원한「습작」인 것이다.

하루하루를 살아가는 것은 하루하루를 꽃 피우는 것이고, 하루하루를 꽃 피우는 것은 하루하루 겸손해지는 '비움의 철학'을 완성하는 것이다.

강은희

강은희 시인은 충남 당진에서 태어났고, 2022년 격월간『서정문학』 신인상(「어둠도 환할 수 있다」 외)으로 등단했다. 2023년 공주문화관광재단의 신진문학인 및 충남문화예술지원사업에 선정된 바가 있으며, 한국문인협회 공주지부, 금강여성문학, 풀꽃시문학 회원이다. 강은희 시인의『그늘의 꿈을 깨우다』는 첫 번째 시집『눈물은 바다로 간다』에 이은 두 번째 시집이며, 그의『그늘의 꿈을 깨우다』의 시세계는 한 마디로 '말의 꿈'의 세계라고 할 수가 있다. "훔쳐 오고 싶을 만큼 아름다운 말들이/ 봄날 민들레꽃처럼/ 여기저기에서" 피어나지 않으면 안 되고, "슬퍼도 아름다운/ 살아서 더 눈부신" "이 땅의 말들이 어둡지 않은 글자로/ 온전하게 살아"있게 하지 않으면 안 된다. 「말」은 강은희 시인의 생명이고, 숨소리이며, 그는 이처럼 티없이 맑고 깨끗한 말로 예술품 자체가 된 삶을 산다.

이메일 keh1042@hanmail.net

강은희 시집

그늘의 꿈을 깨우다

발　　행　2023년 11월 3일
지 은 이　강은희
펴 낸 이　반송림
편집디자인　반송림
펴 낸 곳　도서출판 지혜, 계간시전문지 애지
기획위원　반경환 이형권
주　　소　34624 대전광역시 동구 태전로 57, 2층 도서출판 지혜
전　　화　042-625-1140
팩　　스　042-627-1140
전자우편　eji@ji-hye.com
　　　　　ejisarang@hanmail.net
애지카페　cafe.daum.net/ejiliterature

ISBN　979-11-5728-525-9　03810
값　10,000원

이 책의 판권은 지은이와 도서출판 지혜에 있습니다.
양측의 서면 동의 없는 무단 전제 및 복제를 금합니다.

* 본 도서는 충청남도, 충남문화재단의 후원으로 발간되었습니다.